COLLECTION DE LEEMANS

VENTE

LES MARDI 10, MERCREDI 11 ET JEUDI 12 MARS 1891

9, rue Montaigne, 9

OBJETS D'ART

ET DE

Bel Ameublement

TAPISSERIES

Tableaux anciens et modernes

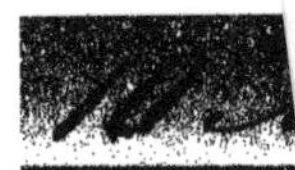

Me G. DUCHESNE	M. A. BLOCHE
COMMISSAIRE-PRISEUR	EXPERT
Successeur de M. ESCRIBE	Près la Cour d'appel
6, rue de Hanovre, 6.	25, rue de Châteaudun, 25.

EXPOSITIONS :

PARTICULIÈRE	PUBLIQUE
Les Samedi 7 et Dimanche 8 Mars 1891	Le Lundi 9 Mars 1891
de 1 heure 1/2 à 5 heures 1/2.	de 1 heure 1/2 à 5 heures 1/2.

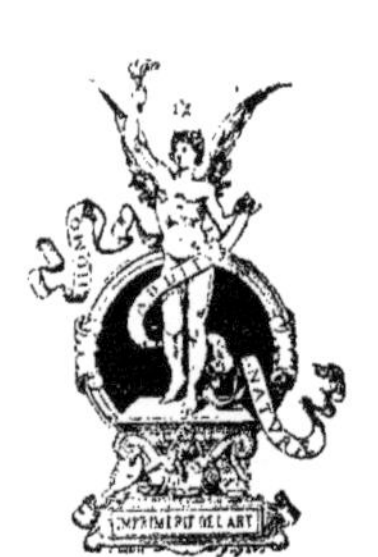
IMPRIMERIE DE L'ART

CATALOGUE

DES

OBJETS D'ART

ET DE

BEL AMEUBLEMENT

XVI⁰ et XVIII⁰ siècle

JOLI VASE EN MARBRE DU TEMPS DE LOUIS XV
Sculptures anciennes de Clésinger et de Lanzirotti, Bronzes, Porcelaines montées

BEAUX SIÈGES EN BOIS SCULPTÉ

ÉPOQUES LOUIS XIV, LOUIS XV ET LOUIS XVI

Remarquable Console de la Régence
Encoignure, Bahut, Tables, Bureau, en laque, en marqueterie, ornés de bronzes
Meubles à deux corps, Coffres de mariage du XVI⁰ siècle

TABLEAUX MODERNES ET ANCIENS

Tapisseries de Lille et de Bruxelles

Tentures, Étoffes anciennes brodées et brochées

FORMANT

LA COLLECTION DE M. DE LEEMANS

ET DONT LA VENTE AURA LIEU

Les Mardi 10, Mercredi 11 et Jeudi 12 Mars 1891, à 2 h. 1/4

EN UN HOTEL, 9, RUE MONTAIGNE, 9

Par le Ministère de Mᵉ **GEORGES DUCHESNE**, commissaire-priseur

Successeur de **M. ESCRIBE**

6, rue de Hanovre, 6

Assisté de **M. A. BLOCHE**, expert près la Cour d'appel

25, rue de Châteaudun, 25

Chez lesquels on trouve le présent Catalogue

EXPOSITIONS

PARTICULIÈRE	PUBLIQUE
Les Samedi 7 et Dimanche 8 Mars 1891	Le Lundi 9 Mars 1891

DE 1 HEURE 1/2 A 5 HEURES 1/2

NOTA. — L'HOTEL EST A LOUER

*Le Catalogue sert de carte d'entrée pour plusieurs personnes
à l'exposition particulière.*

CONDITIONS DE LA VENTE

Elle sera faite *expressément* au comptant.

Les Acquéreurs payeront CINQ POUR CENT en sus des adjudications, applicables aux frais de la vente.

L'Exposition mettant les acquéreurs à même de se rendre compte de l'état et de la nature des objets, il ne sera admis aucune réclamation une fois l'adjudication prononcée.

Paris. — Imp. de l'Art. E. MÉNARD et Cⁱᵉ, 41, rue de la Victoire.

DÉSIGNATION DES OBJETS

TABLEAUX MODERNES

BRAZZA

1 — *L'Arabe en prière.*

Aquarelle.
Signée à gauche.

Haut., 41 cent.; larg., 27 cent.

CAUSSE-RAVENEZ

(MARIE)

2 — *Avant le bal.*

Jeune femme blonde en costume grec, assise sur un grand fauteuil dans une attitude rêveuse.
Signé à droite.

Toile. Haut., 1 mètre ; larg., 70 cent.

CHINTREUIL

3 — *Sous bois.*

Signé à gauche.

Toile. Haut., 49 cent.; larg., 72 cent.

CHINTREUIL

4 — *Coup de vent avant l'orage.*

Signé à gauche.

Toile. Haut., 53 cent.; larg., 66 cent.

COURBET

(G.)

5 — *Les Pommiers du père Courbet, à Ornans.*

En désignant ce joli paysage sous ce titre familier,
nous tenons à respecter celui sous lequel le maître
l'indiquait dans son atelier.
Œuvre des plus intéressantes.
Signé à gauche.

Toile. Haut., 45 cent.; larg., 53 cent.

DESBROSSES

(JEAN)

6 — *Les Fonds de la Limagne (Puy-de-Dôme).*

Tableau important, Salon de 1887, ayant obtenu
la seconde médaille.
Signé à droite.

Toile. Haut., 1 m. 27 cent.; larg., 2 m. 8 cent.

DESBROSSES

(JEAN)

7 — *La Petite Italienne.*

Signé à droite.

Toile. Haut., 35 cent.; larg., 25 cent.

DESBROSSES

(JEAN)

8 — *Le Printemps. (Le Chemin de Montchauvet.)*
Signé à droite.

Toile. Haut., 40 cent.; larg., 27 cent.

DESBROSSES

(JEAN)

9 — *L'Automne. (Le Ruisseau de Montlhéry.)*

Signé à gauche.

Toile. Haut., 42 cent.: larg., 27 cent.

DESBROSSES

(JEAN)

10 — *La Vallée de Chamban.*

Signé à droite.

Toile. Haut., 35 cent.; larg., 54 cent.

DESBROSSES

(JEAN)

11 — *Vue du lac d'Annecy, à Duingt.*

Signé à gauche.

Toile. Haut., 25 cent.; larg., 40 cent.

DESBROSSES

(JEAN)

12 — *Le Hameau des Moulins, à Menton-Saint-Bernard.*

Signé à gauche.

Toile. Haut., 25 cent.; larg., 40 cent.

DESBROSSES

(JEAN)

13 — *Pré sur la hauteur. (Menton-Saint-Bernard.)*

Signé à gauche.

Toile. Haut., 22 cent.; larg., 40 cent.

DESBROSSES
(JEAN)

14 — *La Rivière la Dance au milieu d'un paysage rocailleux.*

Signé à droite,

Toile. Haut., 60 cent ; larg., 70 cent.

DURAND-BRAGER

15 — *Côtes normandes.*

Signé à gauche.

Bois. Haut., 29 cent.; larg., 50 cent.

ELLÉ
(ÉDOUARD)

16 — *Bords de rivière.*

Aquarelle.
Signée à droite.

Haut., 27 cent.; larg., 42 cent.

GALOFFRE

17 — *Entrée de ferme; souvenir d'Italie.*

Signé à droite.

Bois. Haut., 40 cent.; larg., 21 cent.

HOFMAN

18 — *Route de village; souvenir de la Savoie.*

Aquarelle.
Signée à gauche.

Haut , 23 cent.; larg., 34 cent.

INNOCENTI

19 — *Baigneuses surprises par un chasseur.*

Signé.

Bois. Haut., 55 cent.; larg., 65 cent.

MACKARD

(Attribué à)

20 — *Vénus se préparant au départ pour le royaume de Neptune.*

Composition allégorique de douze figures. Peinture en couleur sur fond d'or, genre vernis Martin.

Bois. Haut., 40 cent.; larg., 1 m. 5 cent.

MARCHETTI

21 — *La Parisienne.*

Signé à droite.

Bois. Haut., 31 cent.; larg., 22 cent.

MARESCHAL

22 — *Bateau de pêche en pleine mer.*

Signé à droite.

Toile. Haut., 52 cent.; larg., 88 cent.

PATINI

23 — *La Première Leçon d'équitation.*

Dans une écurie aux environs de Rome; un paysan surveille les ébats de son enfant, jeune bambin tout blond qu'il a posé, à moitié nu, sur un grand cheval. Par une porte au fond, arrive sa mère.

Signé à droite.

Bois. Haut., 23 cent.; larg., 40 cent.

QUINAUX

24 — *Vue du Dauphiné.*

> Beau paysage.
> Signé à gauche.
> Daté 1869.

> Toile. Haut., 70 cent.; larg., 1 m. 10 cent.

ROSSI

(L.)

25 — *Les Curieuses.*

> Dans un boudoir Louis XV, deux jeunes femmes en très coquets atours de l'époque; l'une en robe gorge de pigeon qu'elle relève pour laisser voir ses petits pieds chaussés de mules à hauts talons, coiffée d'un bonnet de dentelles, enrubanné, entr'ouvre une porte pour s'assurer que personne ne vient du dehors. L'autre jeune femme, en robe de satin blanc à longue traîne rose et brodée, corsage décolleté, coiffée d'une capote ruchée et à plumes, à genoux près d'une malle, saisit, au milieu des nombreux objets de toilette d'homme qu'elle a éparpillés sur le plancher, un paquet de lettres.
> Charmant tableau.
> Signé à droite.

> Bois. Haut., 34 cent.; larg., 25 cent.

ROSSI

(L.)

26 — *Le Doux Message.*

Une jeune femme, en costume de satin garni de
dentelles, est nonchalamment assise sur un canapé
et, s'appuyant sur les coussins, elle lit une lettre
qu'elle vient de décacheter ; l'enveloppe est jetée à
terre près d'elle. Sa physionomie reflète la douce
impression que lui produit la lettre. Intérieur
dans le goût japonais, orné de fleurs et de plantes.
Signé à gauche.
Daté 1875.

Bois. Haut., 23 cent.; larg., 19 cent.

ROSSI

(L.)

27 — *La Chercheuse de puces.*

Jeune femme dans un intérieur de style ancien ;
simplement vêtue d'une chemise, avec coiffure haute
à la Marie-Antoinette ; représentée en pied et vue de
trois quarts.
Signé à gauche.
Daté 1872.

Bois. Haut., 25 cent.; larg., 15 cent.

SPIRIDON

28 — *Portrait de femme du Directoire.*

Représentée à mi-corps, en redingote de soie gorge de pigeon, avec fichu de mousseline et bouquet de fleurs au corsage, coiffée d'un grand chapeau à plumes, tenant une gazette à la main.

Signé à droite.

Daté 1874.

Bois. Haut., 16 cent.; larg., 12 cent.

SPIRIDON

29-30 — *Les Deux Pages.*

Jolis portraits de femmes aux visages souriants, en costumes de velours à collerettes, coiffées de toquets à plumes, tenant l'une une arquebuse et l'autre une épée.

Se faisant pendants.

Signés dans le haut.

Toiles. Haut., 95 cent.; larg., 72 cent.

SPIRIDON

31 — *La Petite Cascade du Bois de Boulogne; effet de givre.*

Signé à gauche.

Bois. Haut., 22 cent.; larg., 30 cent.

STACHE

(ADOLPHE)

32 — *Le Mandoliniste.*

> Signé à droite.
> Daté 1857.

> Bois. Haut., 20 cent.; larg 14 cent.

TASSAERT

33 — *Le Sauvetage de l'inondation.*

> Signé à droite O. T.

> Toile. Haut., 32 cent.; larg., 23 cent.

TER LINDEN

(ADÈLE)

34 — *Maison en forêt au bord d'un canal; souvenir de la Hollande.*

> Signé à gauche.

> Toile. Haut., 22 cent.; larg., 31 cent.

TOUDOUZE

(E. T.)

35 — *La Partie de dés.*

> Deux jeunes femmes en élégants costumes du xv^e
> siècle, assises dans un parc près d'un château, à
> l'ombre de grands arbres, semblent prendre grand
> intérêt au jeu.
> Signé à droite.
> Daté 1877.
>
> Toile. Haut., 50 cent.; larg., 65 cent.

WAUTERS

(E.)

36 — *La Répétition au Lutrin.*

> Composition de sept personnages, remarquable
> par le caractère donné à chacune des physionomies.
> Signé à gauche.
>
> Toile. Haut., 60 cent., larg., 66 cent.

TABLEAUX ANCIENS

LEBRUN

37 — *Scènes allégoriques à la vie de Louis XIV et de Mme de Maintenon.*

> Représentés sous les traits de personnages de la Mythologie.
> Charmantes compositions en grisaille sur fond d'or.
> Trois panneaux décoratifs.

MIGNARD

38 — *Portrait d'une demoiselle de France enfant, représentée en Flore.*

> Au fond, on voit les charmilles du parc de Versailles et un point de la pièce dite des Suisses.
> Joli tableau.
> Cadre de l'époque en bois sculpté et doré.

> Toile. Haut., 1 m. 5 cent.; larg., 80 cent.

ÉCOLE PRIMITIVE

39 — *L'Adoration des rois mages.*

> Bois. Haut., 90 cent.; larg., 50 cent.

ÉCOLE DU XVᵉ SIÈCLE

40 — *Ecce Homo.*

Cadre ancien, bois sculpté et doré.

Bois. Haut., 30 cent.: larg., 21 cent.

ÉCOLE ITALIENNE

(xvıᵉ siècle.)

41 — *Portrait de patricienne.*

Représentée debout, en péplum, avec large ceinture d'or enrichie de pierreries, assise dans un palais.

Aperçu de paysage par une baie ouverte au fond.

ÉCOLE FLAMANDE

(xvıᵉ siècle.)

42 — *Les Divertissements de la jeunesse.*

Des groupes de jeunes gens et de jeunes femmes en costumes de l'époque, dans un parc accidenté, se livrent au plaisir de la danse et devisent d'amour.

Dessus de porte.

2

MARBRES

43 — Magnifique vase en marbre blanc, offrant en
bas-relief Diane et les Nymphes se reposant près
de la fontaine de Jouvence, Apollon et Vénus
regardant le fleuve Pénée, et autres personnages
de l'Olympe.

Au-dessous un lambrequin et quatre mascarons :
têtes de béliers et têtes de femmes sur cartouches
à coquilles se détachant en haut-relief. Le culot
du vase à côtes saillantes et le pied à côtes tournantes ; la gorge est ornée d'écailles de poissons
entrecoupées d'ornements, et le couvercle de
godrons surmontés d'une pomme à feuille d'a-
canthe. Sur le pied du vase on lit l'inscription :
*Reformatum : A IOA : BAP : XAVERY :
A = 1726,* et sur le bord de la gorge : *Antonio
Maria Franchi fece 1725.* — Haut., 1 m. 90 cent.

44 — Groupe en marbre représentant Apollon et
Bacchus enfant. Grandeur nature. Travail ancien.

45 — Deux statues en marbre représentant Diane
chasseresse et Apollon. Travail ancien. Grandeur
presque nature.

46 — Très beau buste en marbre : *Sémiramis,* de
Clésinger. Signé.

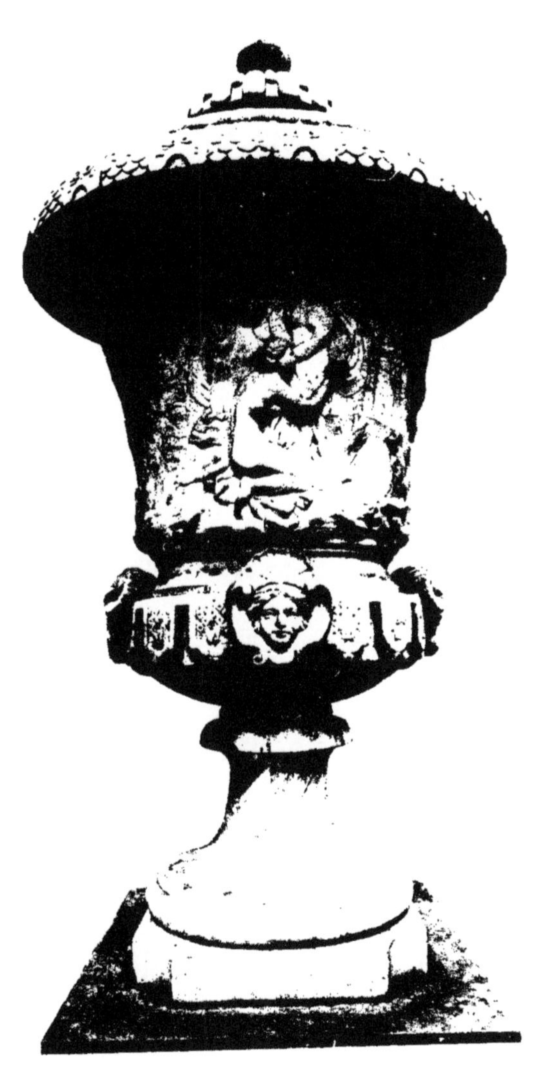

47 — Belle statuette en marbre : *la Glaneuse*, de *Lanzirotti*.

48 — Statuette en marbre blanc : Nymphe couchée, travail ancien sur socle en marbre bleu turquin garni de bronzes dorés. Style Louis XVI.

49 — Beau buste en marbre blanc, représentant Mme Du Barry.

50 — Joli groupe de deux figures en marbre blanc, représentant des petits satyres donnant du raisin à une chèvre.

51 — Groupe de deux figures en marbre blanc, représentant des enfants assis tenant des grappes de raisin.
Ces deux groupes forment pendants.

52 — Buste de guerrier antique, sculpture sur marbre blanc. Travail ancien; avec socle en marbre de Sienne.

53 — Groupe en marbre : Nymphe et satyre de *Ricco*. Signé et daté 1871.

54 — Haut-relief sur marbre antique : profil de Faustine appliqué sur fond de velours rouge; cadre en ébène guilloché. Intéressant fragment provenant des fouilles du Colisée, à Rome.

OBJETS D'ART

BRONZES, MATIÈRES PRÉCIEUSES, PORCELAINES MONTÉES

55 — Très belle paire d'appliques en bronze doré,
à quatre lumières, à lyres tenues par des nœuds
de rubans et des guirlandes de fleurs et des
fruits. Style Louis XVI.

56 — Beau cartel en bronze doré, couronné par une
statuette de Diane chasseresse au repos, et orné
de rinceaux et de guirlandes de fleurs. Style
Louis XVI.

57 — Deux appliques à fond de glaces en bois
sculpté et doré, décor à mascarons, ornées de
branches à trois lumières en bronze doré. Style
Louis XIV.

58 — Belle pendule en porphyre oriental à cadran
tournant, formée par un vase orné de têtes de
béliers, de guirlandes de fleurs ; sur le socle,
une figurine d'amour debout indique l'heure
avec sa flèche. Style Louis XVI.

59 — Deux candélabres en porphyre oriental formés
par des vases contenant des bouquets à branches
d'œillets et de roses, en bronze doré à trois
lumières. Style Louis XVI.

60 — Deux beaux vases en céladon turquoise formant
candélabres à quatre lumières en bronze doré.
Style Louis XV.

61 — Deux belles lampes en ancienne porcelaine de
Chine, fond bleu fouetté, rehaussé d'or; monture
en bronze doré et gravé. Style Louis XIV.

62 — Deux grandes et belles vasques en porcelaine
de Chine, de la famille verte, décor chimères;
monture en bronze doré. Style Louis XIV.

63 — Grande pendule en bronze doré, cadran tournant, formée par un vase à anses posant sur fût
de colonne avec serpents marquant les heures et
les minutes. Style Louis XVI.

64 — Beau miroir en marqueterie de cuivre, orné
de bronze doré; cadre en écaille. Style Louis XIV.

65 — Deux belles girandoles en bronze doré à trois
lumières. Style Louis XVI.

66 — Pendule en bronze doré et marbre blanc, représentant un petit amour guerrier et divers
attributs. Style Louis XVI.

67 — Beau groupe équestre en bronze : Louis XIV
avec trophée guerrier; sur socle en marbre orné
de mascarons et de dauphins.

68 — **Deux grands candélabres en bronze patine brune** : Enfants chasseurs tenant une lance formant bouquet à quatre lumières.

69 — **Deux petits candélabres formés par des vases forme balustre en marbre blanc montés à trois lumières en bronze doré.**

70 — **Paire de jolis candélabres à statuettes d'amours ;** l'un sonnant dans une conque et l'autre tenant un trident à la main ; bronze à patine foncée, monté sur socles à gerbes de lauriers enrubannés, entourés de trois branches de lumières à feuillages enroulés, en bronze doré ; sur socles adhérents en marbre brocatelle d'Espagne.

71 — **Porte-bouquet en bronze patine rouge antique,** avec figure d'enfant en bronze doré, de Durand. (Signé.)

72 — **Paire de flambeaux formés de perdrix, en émail cloisonné de Chine.** Montures en bronze doré à rocailles et fleurs.

73 — **Paire de petits vases en émail cloisonné de Chine,** fond bleu turquoise ; décor Écureuil, fruits et feuillages en couleurs, cols fond noir.

74 — **Plat en émail cloisonné du Japon, représentant un guerrier dans un paysage.**

75 — **Deux groupes en bronze doré de deux figures :**

l'Éducation de l'Amour. Sur socles en cristal
garni de bronze doré. Style fin Louis XVI.

76 — Deux bas-reliefs : scènes d'enfants, allégorie
des saisons l'hiver et l'été, sculpture sur bois;
signés au revers Barbetti. Firenze. Cadre, en
ébène.

77 — Jolie petite épée de cour avec poignée en fer
ciselé, dessin à rocaille sur fond doré; avec fourreau de cuir garni de fer, portant l'inscription
Bidavlt, à Paris. Époque Louis XV.

78 — Épée de cour, avec poignée toute en stras.
Monture à jour en argent. Époque Louis XVI.
Accompagnée de son fourreau en cuir jaune,
monture argent.

79 — Joli petit miroir à contours et biseauté, avec
cadre en bois sculpté et doré, tout à rocailles
très en relief et à jour. Époque Louis XV.

80 — Suspension à un luminaire, système à gaz en
cuivre poli et repercé. Style Renaissance.

81 — Lustre, style flamand Louis XIII, en cuivre
poli avec boule repercée. Dessin à arabesques.

82 — Lustre de salon à vingt-huit lumières, en
bronze garni de cristaux.

83 — Très jolie pendule, forme lyre, en bronze ciselé

et doré, ornée de gerbes de laurier, de chutes
de roses et couronnée par une figure du soleil ;
sur socle en marbre blanc à perlés de bronze,
avec aiguille à fleurs de lis enrichie de jargons.
Époque Louis XVI.

84 — Vase en vieux Chine de la famille rose, décor
cavaliers et figures ; monture en bronze ciselé et
doré de style Louis XIV.

85 — Gobelet avec couvercle en ivoire, représentant
au pourtour une scène de bataille, surmonté
d'une figurine de guerrier debout.

86 — Paire de petits candélabres à trois lumières,
formés de lapins debout en céladon bleu turquoise ; monture en bronze doré à rocailles.

87 — Lustre à six lumières en verre de Venise.

88 — Lustre à quinze lumières en verre de Venise,
garni de chaînettes.

89 — Buste en terre cuite : l'Enfant au hochet, de
Jean Héluin.

90 — Quatre girandoles à quatre lumières en bronze
doré, modèle à côtes tournantes, guirlandes de
fleurs et de laurier. Style Louis XVI.

91 — Grande jardinière mi-sphérique en faïence,

fond jaune, décor branchages fleuris et oiseaux en émaux de couleur; monture en bois noir sculpté.

92 — Deux plats en faïence artistique, décor à bouquets de fleurs et nids d'oiseaux peints, par Burchi. Signés.

93 — Jardinière cylindrique en vieux Chine, décor à cavaliers et figures dans un paysage; monture en bronze doré, gorge à godrons, pied à feuilles d'acanthe.

94 — Jolie petite écritoire en bronze ciselé et doré, forme rocaille.

FERS FORGÉS

95 — Trépied-support en fer forgé, à feuillages et fleurs, XVIe siècle, supportant un plat en émail cloisonné du Japon, décor à fleurs et oiseaux en polychrome, servant de porte-cartes.

96 — Lampe juive en cuivre poli, système à gaz.

97 — Chaufferette en cuivre gravé, à écusson, avec couronne, portant la date 1751.

VERRES DE VENISE

PROVENANT DE LA COLLECTION COLONNA

98 — Aiguière côtelée, avec anse à aileron, gorge trilobée.

99 — Vase côtelé, à deux anses, avec poire bleuie au milieu.

100 — Coupe lobée sur piédouche, à spirale avec pomme bleuie au centre.

101 — Coupe sur piédouche, à deux anses, ornée de bossages.

102 — Coupe à côtes tournantes, ornée d'anses, à ailerons bleuis.

103 — Petite aiguière, dessin côtelé, parties opaques.

MEUBLES

104 — Très remarquable console en bois naturel finement sculpté, époque de la Régence. Sur la façade, elle offre comme motif principal un cartouche à enroulements et feuillages, avec tête de Flore se détachant en haut-relief, des

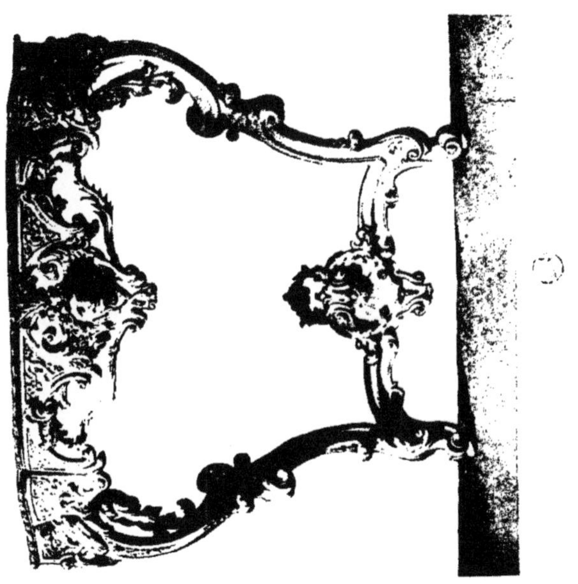

gerbes de laurier de chaque côté, se ralliant à
des contours élégants formés de feuillages qui
prennent naissance dans le bandeau à ornements
découpés à jour et agrémentés dans les fonds
pleins de rinceaux feuillagés se dessinant en
bas-relief et d'une très grande finesse. Les pieds,
ornés de volutes et très évidés, sont ornés de
feuillages parties ajourées et rattachés au bandeau par des culots à enroulements, avec chutes
de lis prises dans la masse. Le piétement est
rallié par une grande coquille fleuronnée. Pièce
intéressante pour l'histoire de l'art décoratif.

105 — Joli petit bureau de forme bombée, s'ouvrant
à dos d'âne, en marqueterie de bois naturel,
dessin à rinceaux fleuris sur fond de bois satiné
et ronces de violettes, garni de bronzes dorés,
volutes et rocaille dessinant les contours du
meuble. Intérieur divisé par compartiments et
avec petits tiroirs. Époque Louis XV.

106 — Joli petit cartonnier en bois de violette et
satiné, garni de bronzes dorés à rocaille. Style
Louis XV.

107 — Curieux meuble-cabinet, extérieur en bois de
noyer, avec ferrures découpées à jour, s'ouvrant
à deux portes; intérieur en chêne, garni de
petits tiroirs avec réserve au milieu, tout couvert
de broderies à fleurs et oiseaux partie en haut-

relief et en fin sur fond de satin crème pailleté,
posant sur piétement à colonnes et supports à
têtes fantastiques en bois de noyer sculpté.
XVII° siècle.

108 — Très beau meuble-bahut forme demi-lune,
avec colonnettes détachées en bois noir, offrant,
sur la façade en laque d'or, un paysage chinois,
animé de figures et de volatiles; au bandeau,
même décor à la chimère, richement garni de
bronzes dorés; dessus en marbre rouge griotte.
Style Louis XVI.

109 — Table ovale avec tablette d'entrejambes forme
rognon, en bois satiné, ornée de bouquets de
fleurs en marqueterie de bois, garnie de mascarons, têtes de satyres, de chutes de laurier et
de sabots à griffes en bronze ciselé et doré.
Style Louis XV.

110 — Joli écran en poirier finement sculpté, au
ton naturel, dessin Louis XVI, avec groupe de
colombes et de guirlandes de fleurs.

111 — Panneau en satin vieil or, avec broderie
de la Savonnerie; dessin forme lyre feuillagée,
avec bouquets de fleurs au milieu.

112 — Très jolie encoignure en bois noir laqué,
décor à rehauts d'or, paysages chinois, garnie

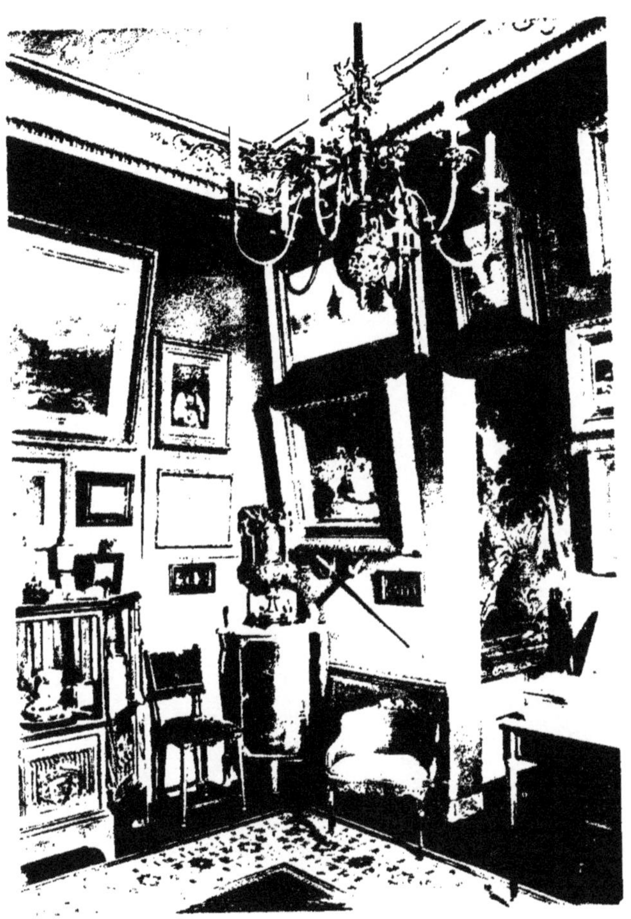

d'encadrements, de chutes et de sabots en bronze doré ; dessus en marbre brèche. Époque Louis XV.

113 — Meuble à hauteur d'appui, partie à jour, forme à pans coupés en noyer sculpté, montants à clochetons et panneaux du bas sculptés en bas-relief, à écussons et ogives fleuronnés. Style gothique.

114 — Écran en bois sculpté et doré, style Louis XIV, avec panneau en velours rouge, orné d'un écusson et d'encadrements en broderie et application fond argent et satin.

115 — Très beau paravent-triptyque offrant en peinture sur soie de gracieuses compositions inspirées de Lancret, orné dans le haut d'un lambrequin en satin bleu rayé et broché, avec broderie d'argent et de soie, dessin à gerbes fleuries et rinceaux, garni d'une frange et encadré de chenillés assortis.

116 — Miroir du temps de Louis XIV, avec cadre en bois sculpté et doré ; fronton à figure et jetées de fleurs.

117 — Vitrine en acajou, s'ouvrant à deux portes, garnie de bronzes dorés, bandeau à draperie ; dessus en marbre blanc, avec galerie de cuivre ; intérieur gainé de velours rouge. Style Louis XVI.

118 — Jolie petite table en bois rose, dessus à damier, pieds à contours, garnie de bronzes dorés. Style Louis XV.

119 — Petite table chiffonnière, avec tablette pour écrire, en palissandre et acajou satiné ornée de vases de fleurs en marqueterie de bois et garnie de bronzes dorés. Style Louis XV.

120 — Petite commode en bois de violette et satiné, garnie de bronzes dorés; dessus de marbre rouge. Louis XV.

121 — Table formant bureau, à deux tiroirs, pieds à contours; marqueterie de bois de violette et palissandre, ornée de cartouches de serrures à ornements, de chutes à figures de faunes, entourée de feuillages et de sabots à pieds de satyres en bronze ciselé et doré. Époque Louis XV.

122 — Glace d'entredeux avec cadre en bois sculpté et doré; dessin à rocailles, fleurs et feuillages. Époque Louis XV.

123 — Petite table ovale avec tiroir et entrejambes, forme rognon, toute en marqueterie de bois de rose, de violette et de citronnier; dessin à carrelage, garnie de bronzes. Époque Louis XVI.

124 — Belle table rectangulaire en bois sculpté, grand style Louis XIV, pieds à pilastres très ornementés, avec croisillon à enroulements et rosaces au centre, bandeau à mascarons sur fond à coquilles et rinceaux feuillagés ; dessus gainé en velours rouge.

125 — Coffre de mariage, couvert en ancien velours vert et en fer ouvré, à petits dessins, rehaussé de dorures, garni d'une frange. xvi⁰ siècle.

126 — Beau régulateur en bois de rose et palissandre, garni de bronzes dorés ; dessin à rocailles fleuronnées. Époque Louis XV.

127 — Miroir vénitien hexagonal et gravé, avec cadre à fronton en bois sculpté et doré. xviii⁰ siècle.

128 — Cadre en bois sculpté et doré, fronton à baldaquin avec draperie, pour miroir d'applique. Louis XVI.

129 — Jolie armoire en bois de noyer finement sculpté, dessin à rocailles et guirlandes de fleurs, s'ouvrant à deux portes garnies de glaces. Style Louis XV.

130 — Grand coffre de mariage en bois sculpté, avec armoirie au centre, cariatides de femmes aux

angles, suite de godrons dans le bas, et supporté
par des griffes de lion, orné sur le devant de
médaillons à écussons et amours héraldiques à
cheval, en marqueterie de bois. xvi⁰ siècle.

131 — Joli bureau, forme à contours en bois de violette et palissandre, garni de bronzes à rocailles.
Style Louis XV.

132 — Table à jeu, système à développement en
palissandre ciré, garnie de cuivre. Style Louis
XVI.

133 — Paravent-triptyque en cuir, fond d'or et d'argent, offrant sur le panneau du milieu une nymphe
et un amour, allégorie de l'Automne; comme
encadrement et décor des deux autres panneaux,
des rinceaux enguirlandés de fleurs, de feuillages et de fruits; gainé de panne et garni de
gros clous en cuivre.

134 — Cheminée avec encadrement de trumeau tout
en drap bleu, avec garniture et franges bleu et
blanc. Style Henri II.

135 — Meuble en chêne sculpté s'ouvrant en haut et
en bas à deux portes; les battants et les côtés
sont ornés de cartouches à coquilles sculptées en
plein bois et ajourées; les montants de rocailles
et de jetées de fleurs. Époque Louis XV.

136 — Support en bois sculpté et doré, pieds à console et griffes de lion. Louis XIV.

137 — Deux petites consoles d'applique en bois sculpté et doré, avec figures d'enfants pinçant de la guitare, sur fond à ornement. XVIIe siècle.

138 — Deux vitrines en poirier noirci garnies de glaces sur les trois faces, s'ouvrant à un battant, piétement à jour, à pilastres.

139 — Joli meuble à deux corps en noyer sculpté, s'ouvrant dans le haut et dans le bas à deux portes, représentant en bas-relief des allégories aux saisons, avec montants à attributs et ornements feuillagés; côtés à colonnettes accouplées, fronton avec médaillon : Diane chasseresse, corne d'abondance et branches à feuillages lobés se dessinant de chaque côté. XVIe siècle.

140 — Grand coffre en bois sculpté, orné sur la façade d'un écusson en bas-relief et de deux blasons en marqueterie de buis, orné aux angles de cariatides de femmes se détachant en haut-relief, et tout autour de filets de buis incrustés.

141 — Porte-manteaux d'applique en noyer sculpté, avec patères offrant, prises dans la masse, des têtes de grotesques; le haut à balustrade et formant étagère. Style Renaissance flamande.

142 — Très grande et belle armoire en chêne massif
sculpté, s'ouvrant à deux portes, avec corniche,
à grand mouvement; côtés à pans coupés ornés
de chutes de fleurs. L'intérieur disposé en bureau s'ouvrant dans le bas à deux portes avec
rangée de trois tiroirs superposés de chaque
côté; le haut à étagères, dont une dentelée ornée d'un lambrequin. Époque Louis XIV.

143 — Beau meuble à deux corps en noyer clair
sculpté et ciré, orné d'incrustations de marbre
vert et de marbre rouge, s'ouvrant dans le haut
à deux portes ornées de peintures inspirées de
Van Thulden sur fond d'or. Avec double rangée
de tiroirs à hauteur d'appui, et, dans le bas,
s'ouvrant également à deux portes ornées de bas-
reliefs à figures mythologiques d'après Jean
Goujon; de chaque côté il est orné de colonnettes. Style xvie siècle.

144 — Meuble à deux corps en noyer sculpté, piétement à colonnes, surmonté d'une rangée de tiroirs, et le haut s'ouvrant à trois battants; dessin
à ornements. Style Henri II.

145 — Porte-cannes formé par un caniche debout
sur un coussin en chêne sculpté.

146 — Deux jolis petits cadres en bois finement

sculpté et doré, dessin à branchages, fleurs et
feuillages. Époque Louis XVI.

147 — Support carré couvert en drap rouge et ancienne tapisserie verdure, garni de franges et
passementeries assorties.

148 — Deux lampadaires d'applique formés par
des groupes d'esclaves portant un animal diabo-
lique en bois sculpté de style Renaissance. Travail de Barbety, de Florence.

149 — Deux appliques formées par deux statuettes
d'anges en bois sculpté, portant des vases. Travail de Barbety, de Florence.

150 — Ameublement de chambre à coucher, de
style Louis XVI, en acajou moucheté, garni de
cuivre, composé d'un lit de milieu, une armoire
à glace biseautée, un chiffonnier, une table de
nuit, une table desserte et deux chaises.

151 — Devant de coffre en bois sculpté, dessin à
médaillons, sujets mythologiques encadrés d'arabesques. Époque Renaissance.

152 — Joli meuble formant cabinet en noyer sculpté;
décor à figures et ornements, piétement à colonnes torses. xvie siècle.

153 — Meuble à deux corps en chêne sculpté, époque Henri II; décor à ornements, piétement à colonnes cannelées avec rangée de tiroirs à hauteur d'appui.

154 — Grand meuble à deux corps en chêne ciré; le corps du bas à deux portes avec tablettes à coulisses pour recevoir des plans et dessins; deux tiroirs dans la frise. Le corps du haut composé d'une grande armoire dans le milieu avec une rangée de cartons de chaque côté.

DÉCORATION DE SALON EN LAQUE

155 — Importante décoration de salon composée de quatorze panneaux en ancienne laque de Chine, fond noir, dessin à rehauts d'or et rouge, représentant des scènes de chasse : composition de cavaliers, de servants, de musiciens, à costumes variés, et des médaillons à paysages et des gerbes de fleurs; bordure à arabesques. Ensemble rare.

SIÈGES

156 — Très remarquable canapé dit Paphos en bois finement sculpté et doré, à côtés arrondis, dossier élégamment cintré avec cartel au milieu posant sur un carquois; cadran émaillé à guir-

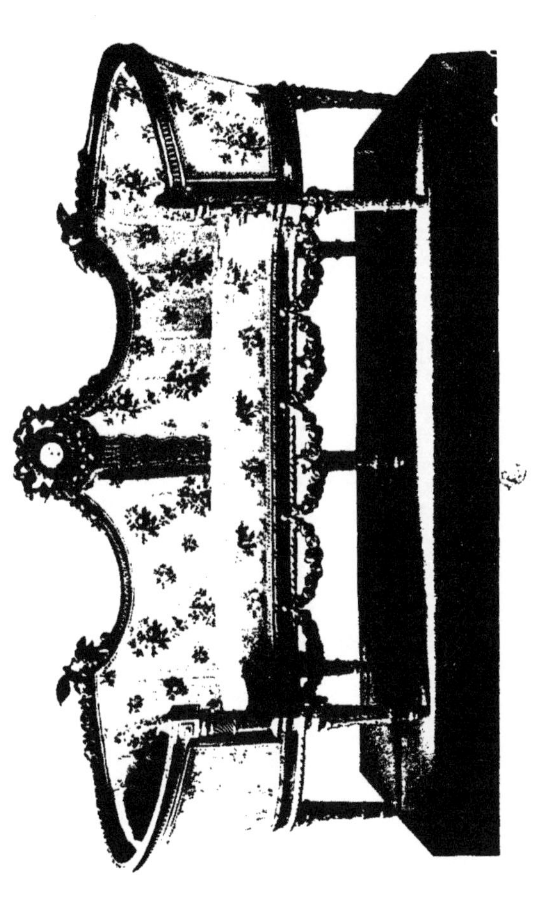

landes, couronné par un nœud de ruban. De
chaque côté, sur le dossier, se détachent des jetées de fleurs, des groupes de colombes, et, sur
le devant du meuble, des guirlandes de roses;
les pieds sont ornementés de feuillages, la rampe
et le bandeau des plus jolis motifs Louis XVI;
couvert et gainé en soierie brochée à fleurs.

157 — Très belle chaise longue en bois finement
sculpté et doré Louis XV; riche dessin avec coquilles au fronton, chutes de fleurs et rocailles,
pieds élégants à contours très ornementés, ainsi
que le bandeau. Couverte et avec dessus monté
en coussin suivant les contours du meuble tout
en soie, de l'époque Louis XV, fond gorge de
pigeon clair semé de bouquets de fleurs et de
festons au cannetillé.

158 — Très belle chaise longue en trois parties formant bergère, tabouret et fauteuil-crapaud, en
bois finement sculpté : même dessin que la pré-
cédente; couverte en lampas vieux rose; dessin
à fleurs et festons broché ton sur ton.

159 — Grande et belle chaise longue style Louis XV,
en noyer sculpté; dessin à rocailles et branchages fleuris; foncée de canne.

160 — Grand fauteuil carré Louis XIII en bois
sculpté et doré, couvert en velours de lin vert

émeraude, encadré de galon en passementerie,
gainé en même étoffe.

161 — Magnifique canapé en noyer finement sculpté,
offrant tout autour des rocailles fleuronnées se
détachant en haut-relief sur fond d'or. Couvert
en très fine tapisserie de soie, représentant, au
dossier, des allégories aux fables de La Fontaine,
et, sur le siège, une chasse au cerf dans de riants
paysages accidentés et boisés.

Ces médaillons sont entourés de rinceaux, de
coquilles et de guirlandes de fleurs, se dessinant
en parties en plein champ ou sur le fond rouge.
Travail de style Régence.

162 — Grand fauteuil en bois sculpté et doré, pieds
à croisillons, Louis XIV; couvert en tapisserie
au point fond jaune à grands bouquets de fleurs
et de fruits, avec bordure à arabesque d'ornements bleutés: garni de frange, gainé de panne
verte.

163 — Très beau fauteuil en bois sculpté et doré,
pieds à croisillons, époque Louis XIV; couvert
d'ancienne tapisserie à bouquets de pivoines et
de feuillages sur fond bleu; garni de frange.

164 — Deux chaises bois sculpté et doré Louis XIV,
couvertes en soieries brochées vert pâle, à bouquets de fleurs.

165 — Deux fauteuils Renaissance en noyer sculpté,
dossiers à cariatides de femmes, surmontés de
têtes de lions ; les bras se terminent en têtes de
béliers ; pieds à colonnes cannelées, et devant
découpé avec médaillon en bas-relief, à figures
de satyres tenant des cornes d'abondance, orne-
mentations raphaélesques. Couverts en ancien
velours de Gênes, fond blanc argent, dessin très
délicat vert et rouge ; encadrés et gainés de
peluche rouge, garnis de frange et de passementeries assorties.

166 — Grand fauteuil Louis XIV en noyer sculpté,
pieds à croisillons ; couvert en tapisserie à bouquets de fleurs de toutes espèces et oiseaux,
d'après Baptiste Monnoyer.

167 — Fauteuil à haut dossier en noyer finement
sculpté, dessin à feuillages et coquilles Louis XIV,
pieds à croisillons ; couvert en ancien point de
Hongrie, dessin à grands ornements feuillagés
en polychrome sur fond crème.

168 — Canapé à dossier surbaissé, couvert et capi-
tonné en ancienne soierie rose pâle, brochée à
bouquets de fleurs, garni de frange et de passementeries de soie, avec accotoirs montés à coussins en dauphine bleu pâle, ornés d'application
de broderies anciennes d'argent et de soie.

169 — Deux tabourets forme Louis XVI en noyer

sculpté, pieds à croisillons; couverts en ancien
velours de Gênes, dessin rouge sur fond blanc,
encadré de peluche, et garnis de franges assorties.

170 — Grand canapé du temps de Louis XVI en
bois sculpté et doré, pieds à consoles feuillagées et croisillons; couvert en damas de soie
rouge garni de franges assorties.

171 — Très joli petit fauteuil forme Louis XV dit à
éperon, en bois de noyer finement sculpté, dessin
à rocailles et fleurs foncé de canne dorée; dessus
à coussin en soierie ancienne brochée à bouquets
de fleurs. Louis XV.

172 — Canapé à dossier carré, couvert en velours
de soie vert pérido, bandeau en brocart d'or et
d'argent fond vert, franges torsades d'or, pieds
en bois sculpté à griffes de lion et orné de dra-
peries en satin vert brodé d'or et d'argent dispo-
sées sur le dossier et les accotoirs.

173 — Très beau fauteuil en bois finement sculpté
et doré, dossier à médaillons, dessin à feuilles
d'acanthe et draperie avec moulures et saillies
enrubannées, pieds cannelés; couvert en soierie
fond blanc, broché à bouquets de fleurs et rayé
rose, du temps de Louis XVI.

174 — Deux jolies chaises à dossiers forme lyres

et colonnettes cannelées, frontons cintrés, dessin à chainettes, du temps de Louis XVI ; couvertes de soierie vert pâle rayée et brochée à bouquets de fleurs.

175 — Fauteuil Louis XVI, à dossier carré en noyer sculpté rehaussé d'or par parties, couvert en lampas fond vert, dessin grisaille et mordoré, vue de parc, plantes et fleurs avec médaillon rondes de faunes et de bacchantes.

176 — Fauteuil Louis XIV en bois sculpté et doré, foncé de canne dorée, dessus et bras couverts en velours de Gênes, fond mordoré, dessin rouge.

177 — Chaise Renaissance à dossier carré en noyer sculpté, couverte en damas Cluny, fond rouge, dessin ton sur ton.

178 — Deux chaises triangulaires dites Van Ostade, pour fumeurs, garnies de paille de couleur avec rampe en velours d'Utrecht rouge.

179 — Très belle chaise à haut dossier, bois finement sculpté, époque Henri II, dossier carré, montants à consoles feuillagées, surmontés de têtes de lions ; bandeau offrant sur le devant un mascaron tête de femme drapée, avec guirlande de fleurs, se dessinant au-dessous de chaque

côté des rinceaux. Pieds à colonnettes cannelées. Couverte en tapisserie très fine, dans
le style de l'époque, représentant des tiges
feuillagées et fleuries ; sur le siège et au dossier, des léopards soutenant un arbre généa-
logique et fleuri, de couleur, sur fond bleu pâle
et gros bleu.

180 — Chaise carrée en bois finement sculpté, dossier à rangées de petits balustres et couvertes,
ainsi que le siège, de panne gros bleu rayé avec
lions héraldiques brodés et appliqués dans un
coin. XVIe siècle.

181 — Deux fauteuils à dossiers carrés, entièrement
recouverts en panne moitié fond rouge, moitié
fond vert, avec bouquets de fleurs brodées dans
le coin du dossier, garni de franges. Style Fran-
çois Ier.

182 — Grand fauteuil à haut dossier en bois sculpté,
avec pieds à croisillons, accotoirs à consoles
ornées de volutes, époque Louis XIV ; couvert en
tapisserie d'Aubusson très fine, à bouquets de
fleurs et de pavots, d'après Monnoyer.

183 — Grand fauteuil en noyer sculpté, époque
Louis XIV, dessus et dossier couverts en ancienne tapisserie au petit point, dessin à bouquets de pivoines et de fruits avec grands feuil-

lages, accotoirs et revers garnis de panne bleu
ardoise. Siège rare.

184 — Grand fauteuil Louis XIV, première période,
bois sculpté et doré, couvert en velours fond
jaune d'or, dessin en relief bleu ardoise garni de
franges assorties et gainé en même velours.

185 — Fauteuil en bois sculpté et doré, du temps de
Louis XIV, dessin à fleurs et chutes de feuillages,
couvert en velours de Gênes, dessin à parterre
de fleurs polychrome, sur fond blanc argent.

186 — Deux fauteuils Louis XV en noyer sculpté,
dessin à fleurs et rocailles, foncés de canne
dorée.

187 — Très jolie petite banquette à dossier contourné,
se terminant en crosses rocailles et à un accotoir
bois finement sculpté et doré, époque Louis XV, à
contours élégants, riche dessin; couverte en ancien brocart d'or et d'argent, fond bleu turquoise; dessin à festons de rubans multicolores;
gainée en même brocart.

188 — Bergère en noyer sculpté, rehaussé d'or par
parties, dessin à chainettes et à piécettes enfilées, pieds cannelés, couverte en soierie Louis
XVI, fond blanc rayé rose broché à fleurs, avec
coussin en même soierie.

189 — Fauteuil forme Régence en noyer sculpté,
dessin rocailles et feuillages rehaussé d'or par
parties, couvert en brocart blanc argent, dessin
à grandes fleurs et feuillages multicolores.

190 — Deux fauteuils à dossiers surbaissés en bois
sculpté et doré, forme Louis XIV, couverts en
dauphine crème, dessin à branchages fleuris
et bouquets de roses.

191 — Fauteuil en noyer sculpté Louis XV, dessin à
fleurs et feuillages, couvert en broché fond crème,
dessin à grands bouquets de fleurs et nœuds de
rubans.

192 — Chaise carrée en noyer sculpté, pieds à colonnettes cannelées, dossier partie à jour et couvert
ainsi que le siège de panne bleue rayée, avec
écusson en broderie appliqué dans un coin. Style
XVI° siècle.

193 — Chaise en noyer sculpté, dessin Louis XIV,
foncée de canne dorée.

194 — Fauteuil forme Henri II, en noyer sculpté,
pieds tors et à griffes de lion, bras à volutes,
couvert en panne rouge rayée, garnie de franges
et passementeries assorties.

195 — Grand fauteuil en chêne sculpté Louis XIV,

dessin à coquilles et feuillages, couvert en brocatelle de soie vert pérido, dessin ton sur ton.

196 — Petit fauteuil en bois sculpté, époque Louis
XV, dessin à fleurs et feuillages; couvert en
broché, fond crème, dessin à fleurs de couleur.

197 — Fauteuil du temps de Louis XIV, en bois
sculpté, couvert en velours bleu ardoise.

198 — Chaise en bois de noyer, couverte en peau de
porc. Style xvie siècle.

199 — Chaise à haut dossier en bois sculpté Louis
XIII, couverte en tapisserie au point et au petit
point, dessin à personnages, fleurs, oiseaux et
ornements.

200 — Fauteuil en noyer sculpté, bras tors se terminant par des têtes de lion, couvert en velours
dit de Gênes, dessin à tulipes et feuillages en
polychrome sur fond maïs, garni de franges assorties, forme Henri II.

201 — Deux chaises forme Élisabeth, en noyer,
couvertes en velours dit de Gênes, fond vert,
dessin ton sur ton.

202 — Chaise pliante en noyer finement sculpté,
dessin à dauphins, dossier à arcades et petits

balustres avec frontons et lions héraldiques, couverte d'un coussin en velours de Gênes fond
argent, à semis de fleurs, garnie d'une draperie
avec cordelières et franges assorties. Style
XVI° siècle.

203 — Chaise Henri II en noyer sculpté, couverte
en peau glacée, rehaussée de broderies d'or et
d'argent.

204 — Tabouret de piano en bois sculpté, avec croisillon, dessus en point de Hongrie, dessin en
tapisserie au point de Saint-Cyr.
Époque Louis XIV.

205 — Chaise à haut dossier en bois sculpté, forme
portugaise, Louis XIV, couverte en tapisserie à
fleurs et feuillages sur fond brun.

206 — Chaise de même forme, du temps de Louis
XIV, couverte en vieux cuir, dessin en relief sur
fond d'or.

207 — Belle chaise en noyer sculpté, riche dessin,
dossier à fronton, pieds à pilastres surbaissés;
revers sculpté à jour, à cartouches, têtes de lions
sur fond de rinceaux feuillagés, couverte en velours rouge rayé. Signée Barbety Firenze, anno
1865.

208 — Marquise Louis XVI en bois sculpté et doré, couverte en soie brochée, garnie de passementeries assorties.

209 — Fauteuil en bois sculpté du temps de la Régence, dessin à coquilles et feuillages; foncé de canne dorée.

210 — Fauteuil en bois sculpté, époque Louis XV, couvert en broché fond bleu ardoise, dessin à fleurs et branchages mordoré.

211 — Fauteuil en noyer sculpté, dessin rais de cœur, piécettes enfilées et feuillages, dossier médaillon, couvert en moire bleu pâle rayé et broché rose à fleurs. Époque Louis XVI.

212 — Fauteuil en noyer sculpté, dessin rais de cœur perlés et feuillages, couvert en satin vert pâle rayé et broché. Style Louis XVI.

213 — Fauteuil de forme Louis XIV, en noyer finement sculpté, dessin à coquilles, fleurs et feuillages en relief au ton naturel sur fond d'or, couvert en velours de Gênes, dessin à branchages et bouquets de fleurs polychrome sur fond mordoré.

214 — Fauteuil en noyer sculpté et doré par par-

ties, dessin à coquilles, fleurs et feuillages, style
Louis XIV, couvert en soie crème, orné de broderie de soie à branchages, fleurs et fruits.

215 — Fauteuil en noyer sculpté Louis XVI, dossier carré, dessin rais de cœur et perlés rehaussé
d'or par parties, couvert en étoffe tissée d'or et
rayée fond crème.

216 — Chaise en bois sculpté, dossier carré avec
balustrade couverte en velours fond mordoré ;
dessin rouge. Style XVIe siècle.

217 — Chaise en bois sculpté Louis XIV, couverte
en brocatelle de soie, fond vert ; dessin gris.

218 — Chaise carrée en noyer, couverte en maro-
quin rouge avec dossier doré au petit fer ; dessin
arabesques et écussons DD enlacés. Style Renaissance.

219 — Petite chaise forme Renaissance, en noyer
sculpté ; dossier à arcades ; couverte en drap
bleu ardoise orné d'applications mordorées.

220 — Petite chaise en bois sculpté, dossier à tête
et peau de lion drapée ; couverte en peluche bleu
ardoise et appliquée d'ornements à fond de satin
mordoré. Style Renaissance.

221 — Chaise dite Rubens, en chêne de l'époque,
couverte en velours de Gênes jaune d'or ; grand
dessin en relief rouge.

222 — Chaise Louis XIV en noyer sculpté, couverte
en cuir dit de Cordoue, fond vert : dessin à
rehauts d'or et de couleur.

223 — Chaise carrée couverte en cuir ; dossier fleur-
delisé.

224 — Deux chaises avec pieds à X, à pattes de lion,
couvertes en peau de porc. Style Renaissance.

225 — Chaise en bois sculpté, style gothique, couverte en velours de lin rouge.

226 — Chaise carrée en noyer, couverte en velours
rouge frappé, garnie de franges. Style xvıe siècle.

227 — Escabeau en bois sculpté et orné d'incrustations d'ivoire. Style xvıe siècle.

228 — Deux canapés en bois sculpté et doré, forme
Louis XIV, couverts en damas de soie rouge.

229 — Deux stalles dites caqueteuses en noyer

sculpté, dossiers à mascarons et ornements avec frontons à masques fantastiques, style xvi° siècle, accompagnés de coussins.

230 — Fauteuil cardinal en bois sculpté et marqueté, dossier avec écussons double, aigle et couronne au milieu d'entrelacs, xvi° siècle, dessus à coussin en velours rouge entouré de galons, de passementerie avec écusson aux armes du cardinal brodées.

231 — Canapé en bois laqué blanc relevé d'or Louis XVI, couvert en velours bleu d'Utrecht.

232 — Couchette en bois sculpté, dessin à la rose et feuillages. Époque Louis XV.

233 — Fauteuil confortable mouvementé, couvert en velours de Gênes, fond mordoré, dessin bleu avec rampes unies vieil or gainé de bleu, passementeries assorties.

TAPISSERIES, TENTURES

234 — Très belle et grande tapisserie de Lille, du temps de la Régence, représentant les divertissements de l'Enfance.

Autour d'un monument élevé à Priape, de

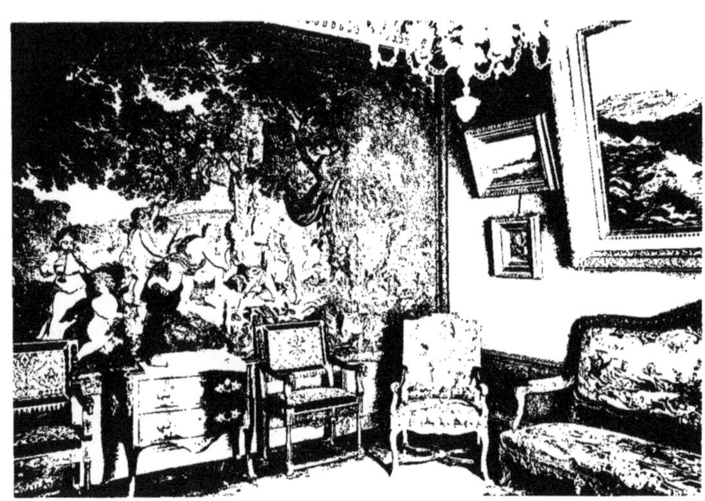

nombreux enfants dansent une farandole; un
autre, travesti en déesse, joue de deux trom-
pettes. Au premier plan, un charmant bambin, à
genoux, tresse des couronnes de fleurs.

Cette scène, des plus gracieuses, se passe dans
un magnifique paysage boisé, très riche en végé-
tation, avec perspective sans fin. Bordure fond
rouge et grenat à ornements simulant un encadrement.

235 — Grande et belle tapisserie de Bruxelles du
xvie siècle, représentant un roi et une reine sor-
tant de leur palais et suivis de leur cour, rece-
vant le témoignage de soumission qu'un person-
nage leur remet en indiquant la fin d'une bataille
à laquelle prennent part une multitude de cavaliers, de soldats au milieu d'un paysage accidenté et vue de ville forte en perpective. Composition importante avec superbe bordure à
petits personnages sujets allégoriques, guirlandes
de fleurs et de fruits.

236 — Tapisserie de Bruxelles, xviie siècle, représentant une scène de l'histoire ancienne : cavaliers et soldats.

237 — Tapisserie du xvie siècle, représentant de
grands animaux combattant au milieu d'une
forêt et des petits personnages vendangeurs,

paysannes et chasseurs. Bordure fond jaune,
dessin raphaélesque à ligures, corbeilles de fruits
et colonnes.

238 — Magnifique décoration de fenêtre, composée
d'un grand rideau en ancienne soierie fond bleu,
richement brodée de fleurs, de guirlandes et de
festons ; bordure à arabesques, bordée d'une
frange et relevée à l'italienne par une grosse
cordelière, avec traine en panne bleu paon.
Un second rideau en peluche vert feuille
morte, garni de frange et de galon en passementerie multicolore, avec embrasse et gros glands
assortis.

239 — Décor de cheminée en ancien brocart d'or,
dessin à fleurs et feuillages sur fond vert ; garni
de frange et passementeries ; tablette et encadrements en peluche vieux rose.

240 — Petit tapis en ancien brocart d'or, même
dessin.

241 — Tapis carré en brocatelle de soie fond rose
lamé d'or, dessin ton sur ton, bordé d'un galon.

242 — Belle portière du temps de Louis XV en broderie et application, grand dessin, fleurs, coquilles
et rinceaux de toutes nuances sur fond de

faille crème, encadrée de panne rouge, doublée
de sergé vieux rose.

243 — Décoration de fenêtre Henri II, composée de
deux pentes en peluche rouge et d'un bandeau
en ancien point de Hongrie tout soie, dessin à
rinceaux, branchages et fleurs encadré de peluche
rouge; le tout garni de franges et de galons
assortis, avec grands rideaux relevés à l'italienne,
en satin bombyx, garnis de crête et galons en or.

244 — Deux bandeaux en ancienne tapisserie, dessin à guirlandes de fleurs et de fruits sur fond
jaune.

245 — Fronton en ancienne tapisserie, dessin aigle
et amour.

246 — Dessus et dossier de fauteuil en ancien point
de Hongrie, dessin rinceaux fleuris et oiseaux.

247 — Fragment de bordure en ancienne tapisserie,
dessin chutes de fleurs.

248 — Fronton en ancienne tapisserie, représentant
deux personnages tenant un médaillon à figures
allégoriques.

249 — Bande de tapisserie à oiseaux, fleurs, fruits, etc.,
rinceaux mesurant environ 9 m. 80 cent.

250 à 257 — Nombreux morceaux de tapisserie pour dessus de sièges, bandeaux, etc.

258 — Grand bandeau en ancienne tapisserie, avec médaillon à paysage au centre, et guirlandes de fleurs de chaque côté.

259 — Panneau en ancienne tapisserie : vue de château avec cascade dans un paysage animé de volatiles.

260 à 268 — Étoffes et broderies diverses anciennes, documentaires et pour ameublements. (Sera divisé.)

269 à 273 — Tapis d'Orient et autres.

274 — Chasuble en soierie vieux rose brochée d'or et d'argent, dessins à grenades et feuillages. XVIe siècle.

275 — Joli tapis, en ancien brocart d'argent, à fleurs et feuillages, bordé d'un galon dentelle d'argent. Époque Louis XV.

276 — Chaperon en broderie d'or et d'argent et de soie du XVIe siècle, représentant dans un médaillon saint Nicolas tenant d'une main sa crosse, et, de l'autre, les Saintes Reliques. Encadré d'ornements se détachant sur fond de satin rouge.

277 — Grand bandeau en ancien velours vert de
Venise, orné de broderie, d'application, à fleurs
et médaillons fond drap d'or, sertis de cordonnet
rouge.

278 — Tapis en ancien velours de Gênes fond argent, dessin rouge à couronnes et ornements.

279 — Très bel habit du temps de Louis XVI, en
soie verte à reflets, richement brodé à palmes et
fleurs, avec ses boutons également brodés. Ac-
compagné du gilet en faille blanche orné de broderies semblables à l'habit. Le tout en parfait
état de conservation.

280 — Petit tapis en satin vert brodé d'élégants ornements en or, argent et soie. Époque Louis
XIII.

281 — Chasuble toute en broderie de soie et argent ;
dessin oiseaux, fleurs et rinceaux sur fond de
satin blanc. Époque Louis XIII.

282 — Morceau de toile orné d'applications de broderie et de velours du xvɪᵉ siècle.

283 — Petit panneau pour écran en tapisserie, cartel à fleurs, encadré de coquilles et de palmiers.

284 — Bande en broderie d'argent et de soie, dessin
à ornements Louis XV, provenant d'un gilet.

285 — Deux grandes pentes en tissu vénitien tout
soie, fond rouge, à grands dessins grisaille et
jaune ; bordées de frange jaune.

286 — Grand bandeau en ancien velours violet orné
d'applications en satin jaune et satin crème, dessin gothique, arbres, fleurs et feuillages.

287 — Objets omis au catalogue.

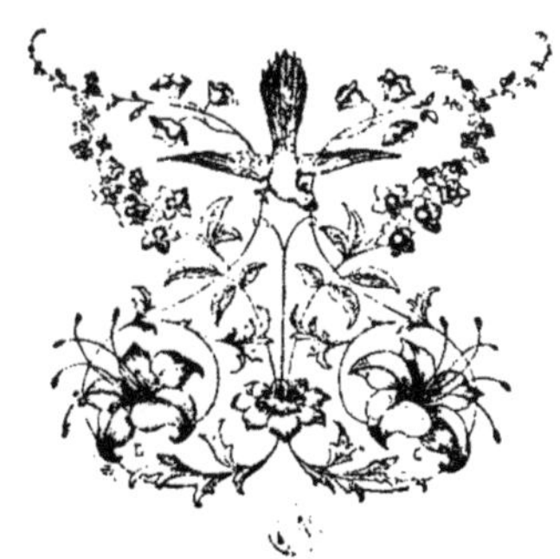